# LA BELLE METHODE

## OU

# L'ART DE BIEN CHANTER

Da Capo Press Music Reprint Series
GENERAL EDITOR
FREDERICK FREEDMAN
VASSAR COLLEGE

# LA BELLE METHODE
## OU
# L'ART DE BIEN CHANTER

By Jean Millet, 1618 - 1684.

New Introduction by Albert Cohen,
*State University of New York at Buffalo*

DA CAPO PRESS • NEW YORK • 1973

Library of Congress Cataloging in Publication Data

Millet, Jean, 1618-1684.
   La belle méthode.

   (Da Capo Press music reprint series)
   Reprinted from the ed. of 1666, Lyon.
   1. Singing—Methods. I. Title. II. Title:
L'art de bien chanter.
MT835.M54      1973          784.9          71-126600
ISBN 0-306-70044-1

This Da Capo Press edition of
*La Belle Méthode, ou L'Art de Bien Chanter*
is an unabridged republication of the
first edition published in Lyon in 1666.

# INTRODUCTION

## Jean Millet[1]

Jean Millet (1618–1684) was a church musician whose activity centered about the High Metropolitan Church of the city of Besançon. Born in Montgesoye, a small town situated some thirty kilometers south of that city, he was sent to study at the school of the Metropolitan Church at the age of ten and, thenceforth, remained affiliated with that Church for the rest of his life, serving the Chapter variously as *enfant de choeur,* organist, choir member, canon, and notably as Sur-Chantre.

Millet is known to have been active as a composer, but except for the four *airs* and two motets appended to *La belle méthode* (here reprinted in its entirety), it appears that his surviving music was destroyed during the sacking of the Eglise St.-Jean in Besançon at the time of the French Revolution. He had three other works published: *Directoire du chant grégorien* (Lyons: Jean Grégoire, 1666), a study of Gregorian Chant as it relates to the service of the Church in Besançon, designed primarily as a handbook for members of the choir; and the *Antiphonarium bisuntinum* (Besançon: Louis Rigoine, 1681) and *Graduale bisuntinum* (Besançon: Louis Rigoine, 1682), both of which were products of Church reform and provided the basis for the service of the Church of Besançon well into the nineteenth century.

The books by Millet suggest an insular musical tradition that reflects practice in the Franche-Comté before it came under French control. As capital city of the region, which formed part of the

---

[1] For full documentation on the life and musical activity of Millet, see Albert Cohen, "Jean Millet 'de Montgesoye' (1618–1684)," *Recherches sur la musique française classique* VIII (1968), 15–23.

16962

Habsburg Empire and was annexed to France only in 1678, Besançon provided an important link in the trade route that joined Flanders to Italy, and both French and Italian influences were prevalent there during most of the seventeenth century.[2]

Such dual influence is clearly evident in Millet's *La belle méthode,* which proves to be a singular work in the literature of vocal tutors that appeared in great profusion from the late sixteenth through the early eighteenth centuries. Not only does this work provide a glimpse into the otherwise unknown musical tradition of Besançon shortly before the French annexation; but also, and more significantly, it preserves a largely lost practice of vocal ornamentation prevalent in performance of the French *air de cour* throughout the same period.

## Air de cour[3]

The *air de cour* to lute accompaniment was the favored type of secular vocal music in France during the greater part of the seventeenth century. It formed the most durable element of the *Ballet de cour* and influenced a sizeable production of accompanied airs throughout Europe, and especially in England and Germany.

The *air* proved to be the ideal medium for French reaction to the revolutions in musical style that had taken place early in the century. While providing a means by which French tradition and temperament could be expressed in the face of pervasive Italian influence, the *air* became the testing ground for novelties that were later to characterize the Baroque in France. Here was a style that allowed for both refined and virtuosic performance, one that permitted French sensitivity to the text through subtle changes in the

---

[2] For an extensive, recent study of the history of Besançon, see Claude Fohlen, ed., *Histoire de Besançon,* 2 vols. (Paris: Nouvelle Librairie de France, 1964–65).

[3] The classic study of the *air de cour* is Théodore Gérold's *L'Art du chant en France au XVIIe siècle* (Strasbourg: Librairie Istra, 1921); a significant recent investigation of the early *air* is André Verchaly's *Airs de cour pour voix et luth (1603–1643)* (Paris: Société Française de Musicologie, Heugel et Cie, 1961 [*Publications de la Société Française de Musicologie, première série,* 16]).

rhythms and meter of the music. The accompanimental line, being vertically conceived, became the route by which thorough-bass and experimentation in harmony were introduced to France; and through the widespread practice of embellishing repeated sections of strophic songs, French delight in ornamental decoration was given special expression.

The *air de cour* enjoyed its greatest vogue in the period just prior to mid-century. It was then (particularly during the reign of Louis XIII, 1610–1643) that the *air* allowed perhaps for the most diversity in performance, thereby retaining its viability as a living and ever-changing art form. Afterwards (from about 1660), a novel but more controlled singing style became prevalent in Paris, and performance of *airs* became more predictable. They began to be issued with written-out improvisations; ornaments became standardized and were often to be applied as formulas in prescribed ways; the format of *airs* became almost predetermined; and the accompanimental line was characteristically written as a thorough-bass.

The performance tradition of the later *air de cour* can be reconstructed from the sizeable body of literature that appeared in the wake of the change in singing style, beginning with Bacilly's *Remarques curieuses* of 1668.[4] Whereas, that of the earlier *air,* until the rediscovery of Millet's treatise, was largely considered a lost tradition. To be sure, occasional clues to the earlier manner of performance are found (e.g., in Mersenne's *Harmonie universelle*),[5] but Millet's short treatise provides the only known systematic and thorough guide to its most characteristic feature – the method of applying vocal embellishments to the music in performance.

---

[4] Bénigne de Bacilly, *Remarques curieuses sur l'art de bien chanter* (Paris: C. Blageart, 1668); English trans. and ed. by Austin B. Caswell, as *A Commentary upon the Art of Proper Singing* (Brooklyn, N.Y.: The Institute of Mediaeval Music, 1968 [*Musical Theorists in Translation*, 7]).

[5] Marin Mersenne, *Harmonie universelle* (Paris: Sébastien Cramoisy, 1636–37), "Livre VI de l'art de bien chanter," passim. Mersenne's personal copy of the treatise, with autograph marginal notes added by him, has been reprinted in 3 volumes with an introduction by François Lesure (Paris: Centre National de la Recherche Scientifique, 1963).

The practice described by Millet seems to have been retained in provincial French cities and in foreign centers dominated by French culture long after the new singing style came to be preferred in Paris. Undoubtedly, as the influence of the *air* spread to other countries, so did the French manner of performing it. Indeed, the earlier French manner of performing *airs* was a product of Italian influence even in France, and Millet's tutor provides a means for studying the development of French ornamental practice as it grew from Italian vocal improvisation in the early seventeenth century.

## Description of contents[6]

Millet opens his treatise with a proposal for the replacement of existing terminology for ornaments (which he felt was confusing) with a new, much simpler classification: *avant-son* for ornaments that precede the note being embellished, *reste-du-son* for those that follow the note, and *roulade* (of which he describes several kinds) for combinations of the two, or for elaborate versions of either one. He assigns the greater portion of the treatise to further descriptions of these categories and to numerous examples showing the manner of embellishing two- and three-note groups of various intervallic combinations and cadence formulas. (In this regard, the manual is organized much like Italian tutors of the late sixteenth and early seventeenth centuries.) Millet closes the work with ornamented versions of his own compositions.

The manual, intended for the performing musician, is thoroughly practical. For example, Millet deals with the importance of not being constrained by strict meter or rhythmic values when embellishing *airs* (pp. 34, 43, 48). He discusses the matter of taking breaths during performance (p. 48), and even indicates breath-marks in pieces appended to the work. There are also suggestions for the method to be used in diminuting (i.e., embellishing) the bass line when sung, a style which Millet considers particularly difficult (p.

---

[6] For a detailed examination of the contents of this source, see Albert Cohen, *"L'Art de bien chanter* (1666) of Jean Millet," *The Musical Quarterly* LV/2 (April 1969), 170–9.

47). He recognizes, too, that there are really only two types of cadence in music, one having a minor third, and the other a major third (p. 38); and he limits his cadence formulas to these two types.

The *airs* appended to the tutor are given as two-part vocal works, but according to the dedication, they were meant to be provided with lute accompaniment, the bass serving as an unfigured, instrumental part in accordance with common practice of the day. Also of interest is the format of the final motet, which is printed in open score, with bar-lines, and a fully-figured bass. It, too, is set for discant and bass voices, but the vocal bass is almost entirely independent from the *basse-continue* — a procedure still uncommon in contemporary France.

## The source

The copy from which the present edition was photographically reproduced is, so far as can be ascertained, a *unicum,* found in the Civico Museo Bibliografico Musicale (the library of the Conservatorio G. B. Martini) in Bologna,[7] where it is given the shelf number D/115.[8] This number appears assigned to the source in a manuscript inventory of the library's holdings dated 1883, where there is further indication that the treatise once formed part of the personal library of Padre Martini (1706–1784), although it is not known by what means he acquired it.[9] Nevertheless, Martini lists the source in his *Storia della musica,*[10] and other eighteenth and

[7] M. François Lesure, Director of the Central Secretariat of the *Répertoire Internationale des Sources Musicales,* has kindly informed me that his files reveal no other copy known to have survived.

[8] See Gaetano Gaspari, *Catalogo della Biblioteca del Liceo musicale de Bologna,* 5 vols. (Bologna: Romagnoli dall' Acqua, 1890–1943 [reprint, vols. 1–4, Bologna: Arnaldo Forni, 1961]), I, 236.

[9] The inventory (knowledge of which I owe to Dr. Oscar Mischiati) is a shelflist of the holdings of the library. The indication "F.M." (i.e., Fonte Martini) is found appended to the listing of Millet's treatise.

[10] Giovanni Battista Martini, *Storia della musica,* 3 vols. (Bologna: Lelio dalla Volpe, 1757 [reprint, Graz: Akademische Druck- und Verlagsandstadt, 1967]), I, 461. Concerning a confused reference by François-Joseph Fétis to Millet's treatise and Martini's listing of it, see Albert Cohen, "Survivals of Renaissance Thought in French Theory 1610–1670: A Bibliographical Study," in: Jan LaRue, ed., *Aspects of Medieval and Renaissance Music* (New York: W. W. Norton, 1966), 94.

early nineteenth century references to it appear to derive from this listing.[11] Of later references to *La belle méthode,* several describe a copy apparently lacking the second of the two title-pages found in the current source (the first title-page is engraved and the second typeset), since there is no mention at all either of this page, or of publication information that it, alone, contains (specifically, the name of Jean Grégoire, publisher in Lyons). This suggests that another copy (or other copies) of the treatise may have been extant (probably in Besançon) about the turn into the present century.[12] If such a copy did, indeed, exist, it possibly no longer survives, or it is in private hands. All other, recent references to the source are seemingly to the copy currently in Bologna.

The original pages measure approximately 18.8 cm. x 13.2 cm. Except for the typeset title-page, the dedication, and the preface,

---

11 For example: Johann Nikolaus Forkel, *Allgemeine Litteratur der Musik* (Leipzig: Schwickert, 1792 [reprint, Hildesheim: G. Olms, 1962]), 309; Ernest Ludwig Gerber, *Neues historisch-biographisches Lexikon der Tonkünstler,* 4 vols. (Leipzig: A. Kühnel, 1812–14 [reprint, Graz: Akademische Druck- und Verlagsanstalt, 1966]), III, 431; Carl Ferdinand Becker, *Systematisch-chronologische Darstellung der musikalischen Literatur* (Leipzig: Robert Friese, 1836 [reprint, Hilversum: Frits A. M. Knuf, 1966]), 309; Alexander É. Choron & François J. M. Fayolle, *Dictionnaire historique des musiciens,* 2 vols. (Paris: Valade, 1810–11), II, 51.

12 Charles Beauquier, *Les Musiciens Franc-Comtois* (Dole: Vernier-Arcelin, 1887), 13, appears to be among the first to make no reference to Jean Grégoire as publisher; Beauquier simply notes that the work was "imprimée à Besançon." Probably the most complete physical description of the treatise is found in Jules Gauthier's "L'Oeuvre des de Loisy, orfèvres-graveurs bisontins du XVIIe siècle," *Réunion des Sociétés des Beaux-Arts des Départements,* 18e session (1894), 546, where the engraved title-page is detailed (but no mention is made of a typeset title-page), and a page-size of slightly different proportions than that of the Martini copy is indicated (195 mm. x 127 mm.; see the description of the Martini copy given below). Maurice Perrod, *Répertoire bibliographique des ouvrages Franc-Comtois imprimés antérieurement à 1790* (Paris: H. Champion, 1912), 240, cites "Besançon, 1666" as publication information, and notes that "L'Ouvrage est entièrement gravé, texte et musique, sauf la dédicace." The references by both Beauquier and Perrod could well have been based on earlier descriptions (Perrod possibly on Gauthier's), but that of Gauthier is certainly founded on examination of an actual copy of Millet's treatise. Unfortunately, unlike most of the entries in Gauthier's catalogue of Loisy's production, that for *La belle méthode* is not provided with a source reference.

the entire work is engraved. The engraver has been identified as Pierre de Loisy le jeune (1619–*c*.1670), an important member of a family of engravers active in Besançon throughout the seventeenth century.[13] The original print was not provided with a table of contents, and the manuscript table (here reproduced) found at the rear of the book appears to have been an eighteenth century addition made by a French hand; it is not in the hand of Padre Martini.

The printing, for the most part, is legible but uneven, and engraving errors are infrequent. The paper varies in quality, and watermarks suggest that it came from the mill of Arcier, one of several paper mills operating in the Franche-Comté at that time.[14]

The copy, itself, is divided into two physical parts, which obviously determined the manner of binding. Pages of the engraved portion (all of which are given consecutive page numbers) form the main body of the work; and to this portion is glued the front gathering made up of the typeset material and the opening engraved sheet containing the title (recto) and a coat of arms (verso).

The escutcheon on the engraved coat of arms has the armorial bearings belonging to two noble houses: Précipiano (on the left) and Serinchamp (on the right). The work is dedicated to "Madame la Baronne de Soye," Marie de Serinchamp (originally from Lorraine) who served in the Chamber of the Queen of Poland before her marriage to Prosper-Ambroise de Précipiano, the Baron de Soye, Governor of Besançon from 1668 to 1674.[15]

[13] François-Joseph Fétis, *Biographie universelle des musiciens . . .* , 2me éd., 8 vols. (Paris: Firmin-Didot, 1866-80 [reprint, Brussels: Editions Culture et Civilisation, 1964]), VI, 145, provides this identification, while acknowledging that he had not seen a copy of the treatise (he does not cite his source for the information). Perrod, op. cit., 240, notes that the coat of arms found on the *verso* of the engraved title-page is actually signed by Loisy, whereas, Gauthier, op. cit., 546, pointedly states that the engraver did not sign his work (the copy in the Martini library is unsigned). Whether Perrod had access to a signed copy of the treatise is unknown (cf. note 12, above).

[14] Watermarks from *La belle méthode* are identifiable with those cited in Jules Gauthier, "L'Industrie du papier dans les hautes vallées Franc-Comtois du XVe au XVIIIe siècle," *Mémoires de la Société d'émulation de Montbéliard* (Montbéliard: Victor Barbier, 1897), 19f. and, especially, Plate 1, No. 3.

[15] See Gauthier, "L'Oeuvre des de Loisy . . . ," op. cit., 546.

The printer of *La belle méthode* (dated 1666) is not identified in the source; the typeset title-page reads, "Imprimé à Besançon, & se vend A LYON, Chez IEAN GREGOIRE." Internal evidence (involving, principally, identification of: a. watermarks; b. unique type fonts employed in vignettes; c. the engraver as Pierre de Loisy; and d. the double impression manner used to print the title-page), however, suggests that the printer of the tutor was Jean Couché, *Imprimeur Juré* and later, *Imprimeur de la Cité* of Besançon. Both Loisy and Couché were the leading practitioners of their respective trades in the city at the time of the appearance of *La belle méthode,* and the engraver is not known to have had his work published by any other printing house. The *Librairie-Imprimerie* of the Couché family not only provided the city with its first durable and productive independent press, but it also served as an important point of contact with France through the city of Lyons — from as early as 1631, a member of the family (Denis Couché) was appointed *Messager de Lyon,* and seemingly, the firm retained this function at least until the advent of French control.[16]

The distributor of *La belle méthode* in Lyons, Jean Grégoire, is known to have published only one other musical work, Millet's *Directoire du chant grégorien,* also in 1666.[17] The *Directoire,* however, was granted a royal printing privilege, whereas *La belle méthode* was not. This fact might account for the relative scarcity of surviving copies of the latter work when compared to those of the former, especially since during this period printing activity in Lyons was under royal suppression, and heavy penalties were imposed on printers who handled books not provided with royal privilege.

16 Concerning the Couché family, see Fohlen, op. cit., I, 640, and II, 121; and Georges Gazier, "La presse bisontine sous l'Ancien Régime," *Mémoires de la Société d'émulation du Doubs* V (1925), 41.

17 Jean Grégoire seems to have had a fairly large printing establishment. Lyons, Archives Départementales du Rhône, B, Imprimeurs, "Visite mars 1670," shows his shop to have employed nine compositors and two apprentices. (I am indebted to Mlle. Roubert at the Archives for drawing my attention to this document; there is virtually no reference to Grégoire in secondary sources, and few traces of his activity are evident in archival documents.)

In fact, whether this treatise was ever formally issued and sold (at least in Lyons) remains unclear. At a time when counterfeiting of books was rampant in France, it is not entirely unlikely that *La belle méthode* was issued by Couché without the knowledge or consent of Grégoire.[18] Perhaps the printing never went beyond proof-stage; purchase of an expensive royal privilege for a work of questionable sales potential (since it described a practice already *passé* in Paris), especially in the face of the Ballard family's music-printing monopoly in France, might well have forced the abandonment of the entire project before formal publication.

In any event, all that is known of this work suggests that it is the result of a unique experiment: *La belle méthode* is the only-known musical work that is completely a product of the Franche-Comté before the advent of French annexation. The source describes a provincial performance tradition; it was composed and engraved by residents of Besançon, dedicated to a noblewoman of the area, and published there by a local printer on paper of the region. Only the poetry used in the *airs* has not been identified; but indications are that, if Millet did not compose these verses himself, they, too, are most probably local products.

State University of New York at Buffalo        Albert Cohen
Buffalo, New York

---

[18] It appears that only the printer's stamp found on the typeset title-page is original with Grégoire. The stamp was applied as a second impression, and because of its slightly-askew position, it tends to cover (perhaps intentionally) printing information linking the source to a press in Besançon.

# LA BELLE METHODE
## OU
# L'ART DE BIEN CHANTER

# LA BELLE METHODE
## OV
# L'ART
### De bien chanter.

Par I. MILLET Chanoine
Surchantre en l'Insigne Eglise
Metropolitaine de Besançon.

L'on voit a la fin quelques
Airs composés par
L'Autheur.
1666

# LA
# BELLE METHODE

## OV

# L'ART
# DE BIEN CHANTER.

Par I. MILLET, Chanoine Sur-Chantre, en
l'Insigne Eglise Metropolitaine de Besançon.

*L'on voit à la fin quelques Airs, composés par l'Autheur.*

### A LYON,

Chez IEAN GREGOIRE, ruë Merciere,
à l'Enseigne de la Renommée.

### M. DC. LXVI.

# A MADAME
# MADAME LA
## BARONNE DE SOYE

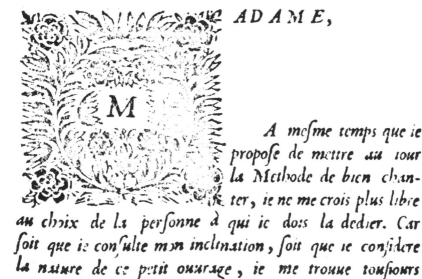

*ADAME,*

**M**

A mefme temps que ie propofe de mettre au iour la Methode de bien chanter, ie ne me crois plus libre au choix de la perfonne à qui ie dois la dedier. Car foit que ie confulte mon inclination, foit que ie confidere la nature de ce petit ouurage, ie me trouue toufiours également obligé à vous l'offrir. Ouy MADAME cette

# EPISTRE.

inclination me porte a donner au public ce petit tesmoi-
gnage du grand respect que ie dois à vostre merite, & à
vostre Illustre Maison, & du ressentiment que i'ay de
la genereuse amitie dont Monsieur le Baron de Soye,
& Messieurs ses Freres daignent m'honorer deʒ long-
temps : Et la nature de l'ouurage me fait d'ailleurs iuger
qu'il vous est deu ; puisque cette belle maniere qu'il enseigne de charmer innocemment l'oreille, n'est autre chose
qu'vne expression toute simple des mouuements, & des
accords dont vostre voix, & vostre Luth sçauent former
cette incomparable harmonie qui m'a rauy autant de fois
que i'ay eu le bon-heur de l'oüyr. Aussi ne crois-ie point
vser d'exaggeration lorsque ie dis, MADAME, que vous
pouueʒ faire autant de merueilles que l'Antiquité fabu-
leuse en attribuoit aux Sirenes, auec cette difference
neantmoins que la melodie de leur chant estoit fatale à
ceux qui s'y laissoient surprendre, & que les admirateurs
de vos concerts n'en reçoiuent d'autre dommage que
celuy de se voir trop tost priuez d'vn plaisir si charmant.
Encore me semble-il que cette mesme Antiquité n'aura
esté que trop auare dans les loüanges qu'elle donne aux
Telesilles, & aux Stratoniques, si elles n'ont pas esté moins
heureuses que vous MADAME a reçeuoir de la nature
les aduantages que vous auez perfectionneʒ par l'art du
monde

*monde le plus agreable dans son vsage ; le plus infail-
lible dans ses principes ; & le plus admirable dans ses
effets ; puisqu'il est vray que la Musique a le secret non
seulement d'appriuoiser , & de dompter les animaux les
plus farouches, & d'adoucir les passions des hommes les
plus emportez : mais encore de faire sentir son pouuoir
aux Demons , selon que l'Escriture sainte nous l'apprend.
Enfin* MADAME *, ie ne puis le dissimuler, i'ay de la ioye
a loüer la perfection que vous auez acquise en cet art
merueilleux ; mais quand ie considere tant d'autres excel-
lentes qualitez , & tant de vertus heroïques qui vous
font admirer par tout , ie me vois contraint d'aduoüer
qu'vn suiet si riche & si haut , merite vne plume plus
delicate, & moins sterille que la mienne , & qu'il me doit
suffire de luy donner ma veneration , & de vous asseu-
rer que ie suis,*

MADAME,

Voſtre tres-humble & tres-
obeyſſant ſeruiteur

MILLET.

# AV LECTEVR.

**N**OVS vous eſtonnerez ſans doute a la rencontre de quelques nouueaux termes dont i'ay crû deuoir me ſeruir en ce petit ouurage, me perſuadant aiſément que vous n'auez iamais oüy parler d'Auant-ſon, de Reſte de ſon, de Sauts, d'Elans, & autres en la maniere que ie les produits. Cependant il me ſemble qu'il ſeroit difficile d'en trouuer de plus expreſſifs. Ie ſçay que les termes ordinaires de ceux qui enſeignent la Methode de chanter, ſont Traits de gorge, Portemens de voix, Agréémens, Paſſages, Roulades, & autres qui ſignifient preſque tous la meſme choſe, & ne ſont pas ſuffiſamment connoiſtre la difference des places qu'ils peuuent tenir. Or ce que i'appelle Auant-ſon eſt proprement ce Trait de gorge, ou Portement de voix qui precede la note principale, & le Reſte du ſon eſt pareillement vn Trait de gorge, ou Portement de voix qui ſuit cette meſme note ; les Roulades, & les Paſſages a mon aduis ne ſont differents que de nom, ſi ce n'eſt que l'on veuille qu'vn petit aſſemblage de notes ſoit appellé Paſſage, & vn plus grand, Roulade; mais comme il y a de grandes & de petites Roulades, & que i'en introduis de quatre ſortes, dont les vnes peuuent quelques fois tenir la place de l'Auant-ſon, d'autres celle du Reſte du ſon, d'autres les deux enſembles, & d'autres toute la note principale, i'eſtime, qu'il eſt inutile d'y apporter cette difference. Et quant aux Agréémens ie ne les conſidere que comme les effets de tout cela, lors qu'il eſt obſerué, & qu'il eſt fait de la belle maniere. Voila Lecteur ce que i'auois à vous dire touchant ces nouueaux termes.

# LA BELLE METHODE
## ou l'Art de bien Chanter.

POur tenir vne belle Methode dans le Chant, & faire iuſtes les portements de voix; Il faut obſeruer trois choſes, à ſçauoir l'Auant-ſon, le Reſte du ſon, & la Roulade.

### De l'Auant-ſon.

L'Auant-ſon n'eſt autre choſe q'vn mouuement precipité du ſon, tiré quelquesfois du meſme degré que celuy de la notte ſur laquelle il eſt fait, ou des degrez qui touchent celuy de cette meſme notte.

Cet Auant-ſon eſt marqué par vn double crochet, ou par vn crochet, & quelques fois par vne noire immediatement auāt la notte principale.          Exemples.

| Auant-ſon ſur la meſme note. | Auant-ſon ſur le degré plus bas. | Auant-ſon ſur le degré plus haut |
|---|---|---|

vvt, réé, mij.          faa, ſool.          mij, vvt.

L'Auant-ſon ſe prend pour l'ordinaire ſur la meſme note, c'eſt a dire ſur la note princi pale, quand on commence vn chant, ou bien quand on saute d'vn Interualle composé à vn autre, ou bien encor apres quelque pause. Exemple.

si le Chant commence par vn fa l'on peut faire

vvt, sool reé, laa. l'auãt-son sur le mi. Exep. faa, faa.

Aux sauts des Interualles composés l'on prend quelquesfois l'Auant-son d'vn demi ton plus haut, ou d'vn demi-ton plus bas que la notte principale. Exemple.

d'vn demi-ton plus haut.    d'vn demi-ton plus bas.

reé, laa.    mij, mij.    mij, faa.    reé, faa.

Quand plusieurs nottes se trouuent immédiatement sur vn mesme degré, l'Auant-son pour lors se prẽd tantost d'vn degré plus haut que la notte principale, tantost d'vn degré plus bas. Exẽp.

laa, laa, laa, laa,    laa, la, la, la, la, la.

A vne Tierce ou maieure, ou mineure, l'auant-fõ se prend sur le degré plus bas que la notte principale, lors que cette Tierce monte, comme vt mi, ou re fa, & quand elle descend comme

ſol mi, fa re, ou mi vt, pour lors il eſt pris ſur le
degré plus haut que la notte principale. Exēp

L'auant ſon eſt pris en montant d'vn degré plus bas·

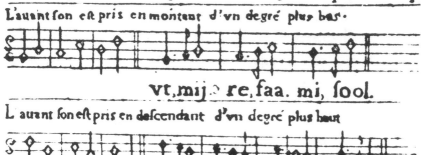

vt, mij, re, faa. mi, ſool.

L auant ſon eſt pris en deſcendant d'vn degré plus haut

ſol mij. fa, réé. fa, réé. mi, vvt.

Il y en a qui prennent l'Auant-ſon en haut,
quand on monte à vne Tierce maieure comme vt, mi; mais ie ne treuue pas cette façon
bien douce ny du bel vſage, en voicy l'Exēp.

Si vn fa ſuiuoit immedi-
atement ce mi, cet Auāt.
vt, mij. ſō pouroit eſtre reçeu. Exē. vt, mij, faa.

L'Auant-ſon eſt pris quelquefois en bas quād
on deſcend vne, ou deux Tierces, ou dans v-
ne Cadence. Exemple.

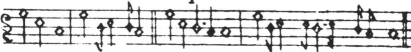

la, faa, réé. Cadence. la, faa, miij, réé. re.

Ceux qui croient que l'Auant-ſon peut eſtre fait
de deux nottes, le confondent auec le Reſte du

fon, & la Roulade, appellant s ces.trois enfemble Port,
ou Portement de voix: Pour moy iene fuis pas de
ce fentiment, & ie crois que dés qu'il y a plusieurs
nottes deuant la principale, c'eft vne Roulade,
& non pas vn Auant-fon, comme en cet Exemple.

fa,     sol,     la,     re,     fa,   mi.

## Du Refte du fon.

Le Refte du fon n'eft autre chofe q'vne petite
harmonie que l'on doit faire apres que la notte
principale à efté entonnée de mefme sorte que
celle qui refte d'vne corde pincée d'vn Luth, ou
d'vne Efpinette.

Il y a deux fortes de Refte du son, l'vn qui se fait à
la fin du Chant sur la derniere notte de la Cadence,
ou sur vne notte qui precede immediatemēt vne
pofe, soit longue, ou brefue. L'autre qui eft
fait indifferemment fur les nottes principales dans la suitte du Chant.

Le premier doit eftre prefques impercepti-
ble à l'ouÿe: c'eft vn son adoucy que l'on doit
faire mourir à mefme que l'on le produit, c'eft
pourquoy ie le marque auec vn triplecrochet

comme en cet Exemple.

J'ay remarqué que quand on fait ce Reste du son sur vn miil est composé quelquefois de deux nottes, & il est de la belle Methode quand il est fait a propos, & auec adouciffemét de voix en la faifant mourir. Exemple.

vt. fa. fol.

mi. mi.

L'autre Reste du fon qui est fait dans la fuitte du Chant, est quelquefois vite, dautrefois il est lent, felon la valeur des nottes; Il fe fait apres vne notte principale, ie veux dire marquee dans le fimple

Ce Reste du fon eft compofe tantoft d'vne notte, tantoft de deux, felon la volonté de celuy qui chante, en quelques endroits feulement, parce qu'il y a des lieux dans le chant ou il ne doit eftre fait que d'vne notte, & il y en a ou il doit eftre compofé de deux; il s'y rencontre auffy des endroits ou indifferemment l'on peut le faire d'vne notte, ou de deux. Exemple.

d'vne notte.    d'vne notte    de 2 nottes.

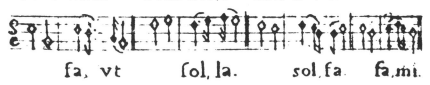

fa. vt        fol. la.        sol. fa    fa. mi.

de deux nottes.

sol,vt.　　vt, sol.　　vt, fa.　　fa, sol.　　fa, sol.

d'vne notte.　　le mesme de 2. nottes.

mi, fa.　mi, fa.　mi, fa.

## De la Roulade.

La Roulade est vn assemblage de plusieurs
nottes bien rangées qui estant entonnées l'vne
apres l'autre, selon les principes de l'art, font v-
ne agreable harmonie dans le Chant.

Il y a vne infinité de façons de Roulades a cau-
se des diuers mélanges des nottes: & comme chaque nation a sa façon particuliere de chanter,
les Roulades qui font vne partie de la beauté du
Chant quand elles font bien prises, en font aussi
le desagrément quand elles n'ont pas la iuste mesure qu'elles doiuent auoir, soit qu'elles soiēt
trop frequentes, soit q'vne excessiue lõgueur
les rende ennuyeuses: Ie parleray seulement
icy des Roulades qui sont du bel vsage, que ie

diſtingue en quatre ſortes.

La premiere eſt celle qui tient lieu de l'Auãt-ſon
La ſeconde eſt celle que l'on met en place du
Reſte du ſon.

La troiſiéme comprend toute la notte principale.

Et la quatriéme, qui eſt compoſée des trois autres, ſe fait ſur les Cadences, ſur les longues nottes, ſur les Interualles compoſés, & ſur quelq₃
autres endroits du Chant.

La premiere qui tient lieu de l'Auant-ſon eſt
compoſée depuis deux, iuſqu'a cinq, ou ſix nottes; elle eſt toûiours deuant la notte principale
Exẽp. de 2 nottes. de 3 nottes. de 4 nottes.

La ſeconde Roulade qui eſt miſe au lieu du Reſte du ſon ſe fait apres la notte principale; elle
comprend depuis trois nottes, iuſqu'a ſept, ou
huit, comme aux Exemples ſuiuants.

de 3 notes.                              de 4. notes.

fa    fol        fa    mi.        fa        mi.

de 5 notes.                de 6 notes.

la        fol.        fa        mi.

de 7 notes.                de 8 notes.

la        vt,        fa        mi.

La troisieme Roulade qui contient toute la note
s'eftend depuis deux notes iufqu'a 8. Exēples.

de deux
notes.

la fa fol.                la fa  re  fol.

de 3 notes.        de 4 notes.                de 5

fol fa mi.        la fa  re.        fol fa

notes.        de 6 notes, de 7 notes. de 8 notes.

fa  re,        re fol  fa,  fol    fa, fol        fa.

Autres
Exemp.
de 8 not.　　　　　　sol fa　　ſol.　　la fa　　mi.

La 4. Roulade comprend quelquefois l'A-
uant-ſon, & le Reſte du ſon, d'autrefois toute la
notte principale, & d'autrefois tous les trois
enſembles; elle eſt compoſée depuis ſ, ou 6 nottes iuſqu'à 12, ou 1ſ ſelon la longueur de la Cadence, ou de la notte ſur laquelle elle eſt faitte,
cōme vous pourés le remarquer dans les Exemples que ie donneray des Cadences, ou ie vous
renuoye, vous marquant icy ſeulement 2 Exemples des Roulades qui comprennent l'Auāt-ſon,
& le Reſte du ſon ſur vne meſme notte. Exēple.

　　　la　　fa　　ſol.　　　sol　fa　　　mi.

I'oubliois de vous dire que parmy les Roulades
l'ony meſle parfois des Elans, qui leur dōnent vne
grace nompareille: Ce ſont des ſaults, ou Interualles compoſés eſloignés de 2, de 3, de 4, voire
de ſ degrés.　　　　Exemples.　　de 3 degrés.

de 2
degrés.

　　　fa　　mi.　　　sol　fa.　　　sol fa.

A ces trois chofes principales, & neceffaires
pour bien chanter dont ie viens de vous parler, a fcauoir de l'Auant-fon, du Refte du fon, &
de la Roulade, l'on adioûte encore le Tremble-
mēt, qui fe fait fur les longues nottes, fpecia-
lemēt fur les penultiemes de chaque Cadence:
Et a dire vray il eft d'vn effet nompareil dans
le Chant, mais cōme il fe fait naturellemēt & qu'il
ya des perfonnes qui ne fcauroient l'acquerir par
aucune habitude de chanter quoy qu'ils faffēt,
Ie ne vous en entretiendray pas, vous renuoyāt
aux perfonnes à qui la nature la donné, affin-
que si vous pouués vous tafchiez de les imiter:
&d'allieurs iene penfe pas que l'on puiffe bien
l'enfeigner par aucun Exemple efcrit; ie ne lai-
ffe neantmoins de vous en marquer icy vn
autant qu'il m'eft pofsible, pour fatisfaire
à voftre curiosité.   Exemple.

POrtemēts de voix des Interualles deMu-
sique,tant des simples que des compo-
fés ; dans lefquels l'on voit l'harmonieux
melange de l'Auant-fon, du Refte du fon,
& de la Roulade.

### Des Interualles fimples.

Premierement cōme il faut entonner vt,re,
mi, fa ,fol, la.

Exemple de l'Auant-fon fur le mefme degré que celuy de la notte principale.

vt, re, mi, fa, fol,la, la, fol, fa, mi, re, vt.

Exemple de l'Auant-fon pris fur le degré
de la notte qui precede.

vt, re, mi, fa, fol, la, la, fol, fa, mi, re, vt.

De l'Auant-fon, & du Refte du fon meslés, Exēple.

vt, re, mi, fa, fol, la: la, fol, fa, mi, re, vt.

Vous pouuez dire
en defcendant de
cette façon.                la, fol, fa, mi, re, vt.

# Exemple du Reſte du ſon de 2 nottes.

vt    re    mi    fa    ſol    la,    la    ſol

fa    mi    re    vt.

## Melange de la Roulade auec les 2 autres. Exép.

vt    re    mi    fa    ſol    la,    la.    ſol

fa    mi    re    vt.

## Autre melange plus double.

vt    re    mi    fa    ſol    la,

la    ſol fa    mi    re    vt.

## Pour monter depuis l'vt au re.

vt    re,    vt    re,    vt    re,    vt    re,

vt    re, vt re,    vt      re, vt      re,

Lors que les nottes principales ſont d'vne moindre valeur que d'vne meſure, l'on ſ'arreſte moins deſſus, ou l'on fait la Roulade qui comprend toute la notte. Exēp.

vt    re, vt    re, vt      re,    vt rͤ.

Ce que ie viens de marquer ſur les nottes vt re, ſe peut faire ſur les nottes fa ſol en tranſpoſant d'vne quarte, & le dieze qui eſt en F vt fa, fera le mi en B fa ♮ mi.

Pour monter du re au mi

re mi, re mi, re mi, re    mi, re mi,

re    mi, re mi, re mi,    re - mi, re

, mi, re,    mi,    re mi,    re      mi,

re mi, re mi, re mi, re mi.

L'on peut faire les mefmes portements de voix fur les nottes fol la, que fur les nottes re mi, obferuant ce que i'ay dis du dieze.

## Pour monter du mi au fa.

mi fa, mi fa, mi fa, mi fa, mi fa,

mi fa, mi fa, mi fa, mi fa, mi fa,

mi fa, mi fa, mi fa, mi fa.

## Pour aller du fa au fol.

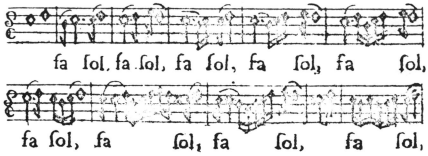

fa fol, fa fol, fa fol, fa fol, fa fol,

fa fol, fa fol, fa fol, fa fol,

fa ſol, fa ſol, fa ſol, fa ſol, fa ſol, fa ſol

Pour monter du ſol au la.

ſol la, ſol la, ſol la, ſol la, ſol la

ſol la, ſol la, ſol la ſol

la, ſol la, ſol la, ſol la, ſol la

ſol la, ſol la, ſol la, ſol la,

Pour deſcendre du la, au ſol.

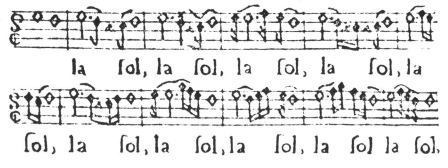

la ſol, la ſol, la ſol, la ſol, la

ſol, la ſol, la ſol, la ſol, la ſol la ſol,

la  ſol, la  ſol, la  ſol, la

ſol, la  ſol, la  ſol, la ſol, la ſol

la  ſol, la  ſol, la  ſol, la  ſol,

la ſol, la  ſol, la  ſol.

Pour deſcendre du ſol au fa.

ſol fa, ſol fa, ſol fa, ſol fa,

ſol fa, ſol fa, ſol fa, ſol fa, ſol

fa, ſol fa, ſol fa, ſol fa, ſol fa,

ſol  fa, ſol  fa, ſol  fa.

## Pour descendre du fa au mi.

fa mi, fa mi, fa mi, fa mi, fa mi,

fa mi, fa mi, fa mi, fa mi, fa

mi, fa mi, fa mi, fa mi, fa mi,

fa mi, fa mi, fa mi, fa mi, fa mi, fa

mi, fa mi, fa mi, fa mi.

Remarquez que si vous prenez l'Auant-son du mi sur le degré d'a, mi la re, il doit estre fort bref.

Exemple. fa mi.

## Pour descendre du mi au re.

mi re, mi re, mi re, mi re, mi re,

mi     re, mi     re, mi     re,

mi     re, mi     re

Voyez l'article cy deuant pour deſcendre du la, au ſol, qui ſ'entonne de meſme
façon comme du mi au re.

    Pour deſcendre du re a l'vt, ie vous ren-
uoye à l'Article du ſol au fa, qui eſt autant
comme re vt.

Quand apres l'vt deg.re ſol vt, il ſuit vn fa en
f.vt fa, auec vn ✸ pour lors les nottes qui pre-
cedent ſur le degré de b.fa ♮ mi, doiuent
eſtre par b. mol. Exemple.

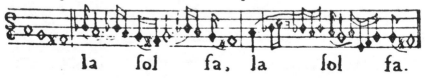

la     ſol     fa,   la     ſol     fa.

Pour monter les Interualles ſimples qui com-
poſët la Tierce maieure ſçauoir vt re mi.

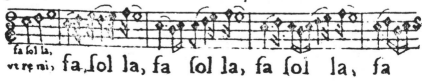

fa ſol la,
vt re mi, fa ſol la, fa   ſol la, fa ſol   la, fa

ſol la, fa ſol la, fa ſol la, fa

ſol la, fa ſol la, fa ſol la,

fa ſol la, fa ſol la, fa ſol la,

fa ſol la, fa ſol la.

transposé.

Pour transpoſer en G. re ſol vt il faut vn ✗ en F. vt fa, qui fait le demi-ton. Exemple.

vt re, vt re.

Pour monter les Interualles ſimples qui compo-ſent la Tierce mineure, lorsque le demi-ton eſt le dernier comme re mi fa.

re mi fa, re mi fa, re mi fa, re mi

fa, re mi fa, re mi fa, re mi fa, re

mi     ſa, re mi fa, re mi fa, re    mi    fa

Pour monter la Tierce mineure quand le de
mi·ton eſt le premier comme mi fa ſol.

mi fa ſol, mi fa ſol, mi fa ſol, mi fa    ſol,

mi fa   ſol, mi    fa ſol, mi fa    ſol, mi fa

ſol, mi fa ſol, mi fa ſol, mi fa     ſol.

Pour deſcendre les Interualles simples,
qui compoſent la Tierce maieure ſçauoir
La ſol fa, ou mi re vt.

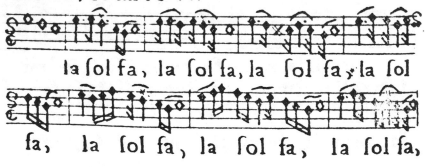

la ſol fa, la ſol fa, la   ſol fa, la ſol

fa,    la ſol fa, la ſol fa, la ſol fa,

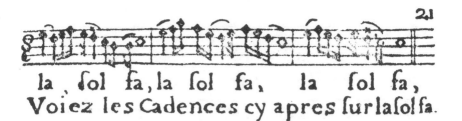

la ſol fa, la ſol fa, la ſol fa,
Voiez les Cadences cy apres ſur la ſol fa.

Pour deſcendre la Tierce mineure quand
le demi-ton eſt le dernier cöme ſol fa mi.

ſol fa mi, ſol fa mi, ſol fa mi, ſol

fa mi, ſol fa mi, ſol fa mi, ſol

fa mi, ſol fa mi, ſol fa mi,

ſol fa mi, ſol fa mi, ſol fa mi.

Pour deſcendre la Tierce mineure quand le
demi-ton eſt le premier comme Fa mi re.

fa mi re, fa mi re, fa mi re,

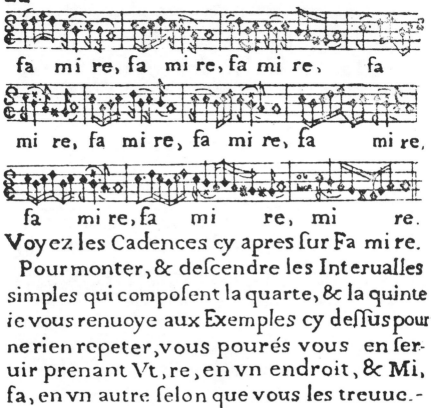

fa mi re, fa mi re, fa mi re, fa

mi re, fa mi re, fa mi re, fa mi re,

fa mi re, fa mi re, mi re.

Voyez les Cadences cy apres fur Fa mi re.

Pour monter, & defcendre les Interualles simples qui compofent la quarte, & la quinte ie vous renuoye aux Exemples cy deffus pour ne rien repeter, vous pourés vous en feruir prenant Vt, re, en vn endroit, & Mi, fa, en vn autre felon que vous les treuue-rés harmonieux en chantant.

### Des Interualles compofés.

Pour monter a la Tierce maieure, comme Vt mi, ou Fa la.

fa la, fa la, fa la, fa la, fa la,

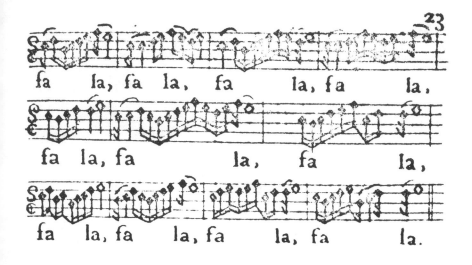

fa    la, fa   la,   fa     la, fa      la,

fa   la, fa      la,    fa     la,

fa     la, fa     la, fa     la, fa      la.

Pour monter la Tierce mineure Re fa.

re fa, re fa, re   fa, re   fa, re   fa, re fa,

re     fa, re     fa, re   fa, re       fa,

re   fa, re     fa, re     fa.

Pour monter la Tierce mineure Mi sol.

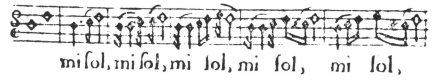

mi sol, mi sol, mi sol, mi   sol,    mi   sol,

24

mi ſol, mi ſol, mi ſol, mi ſol,

mi ſol, mi ſol, mi ſol, mi ſol.

Pour deſcendre la Tierce maieure.

la fa, la fa, la fa, la fa, la fa,

la fa, la fa, la fa, la fa,

la fa, la fa la fa, la fa, la

fa, la fa, la fa, la fa, la fa,

la fa, la fa, la fa, la fa,

la fa, la fa, la fa la fa,

la fa, la fa, la fa, la fa.
Pour defcendre laTierce mineure, fol, mi.

fol mi, fol mi, fol mi, fol mi, fol mi.

fol mi, fol mi, fol mi, fol mi,

fol mi, fol mi, fol mi,

fol mi, fol mi, fol mi,

fol mi, fol mi, fol mi, fol mi,

fol mi, fol mi, fol mi, fol mi,

fol mi, fol mi, fol mi,

Pour la Tierce mineure lorsque le demi ton est le premier comme Fa, re.

fa re, fa re; fa re, fa re, fa re,

fa re, fa re, fa re, fa re, fa re,

fa re, fa re, fa re, fa re,

Si apres le Re il suit vn fa en b. fa, ♮. mi, l'A-uant-son, & le Reste du son qui se feront sur ce degré seront par b. mol.

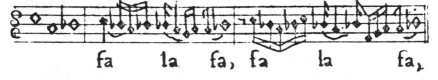

fa la fa, fa la fa,

Pour monter les Interualles nōmés Quartes.

vt fa, vt fa, vt fa, vt fa, vt fa, vt fa,

vt fa, vt fa, vt fa sol,

vt fa sol, vt fa mi, vt fa

mi. re sol, re sol, re sol, re sol, re sol,

re sol, re sol, re sol, re sol, re sol,

re sol, re sol. mi la, mi la, mi la,

mi la, mi la, mi la,

Pour descendre les mesmes Interualles.

la mi, la mi, la mi, la mi, la

mi, la mi, la mi, la mi, la mi,

la mi, la mi, la mi la mi,

la mi, la mi, la mi.

Il y en à qui defcendent
au Re dans la Roulade du
La, au Mi, Exemple la mi.

Cette Roulade eſt vn peu rude a cauſe du ton
qui precede le mi, & ie ne crois pas qu'elle ſoit
permiſe ſinon quand vne notte deſcend immediatement apres. comme en cet Exēple.

la mi vt, la mi vt.

ſol re, ſol re, ſol re, ſol re, ſol

L'on peut ſe ſeruir du
♭.moi en b.fa ♮.mi pour

re, ſol re. l'Auant-ſon du Re. Exēp.

ſol re, ſol re, ſol re, ſol re,

fa vt, fa vt, fa vt, fa vt,

fa vt, fa vt, fa vt,

fa vt, fa vt, fa vt,

fa vt, fa vt, fa vt.

Pour monter les Interualles nõmés Quintes.

fa fa, fa fa, fa fa, fa fa, fa fa,

vt ſol, vt ſol, vt ſol, vt ſol, vt ſol

vt ſol, vt ſol, vt ſol, vt ſol mi

re la, re la, re la, re la, re la, re la,

re la, re la, re la, re la.

# Pour defcendre les mefmes Interualles.

la re, la re    la    re, la        re,

la re,    la    re, la        re, la        re

la            re, la            re, la    re,

la re,        la    re, la re,    la        re,

la    re, la    re vt, la re    vt.

fol vt, fol    vt, fol vt, fol vt    fol

vt,    fol    vt,    fol    vt,    fol        vt.

fol    vt, fol        vt, fol    vt, fol vt.

fa fa, fa fa, fa fa, fa fa,

fa fa, fa fa, fa fa, fa fa.

**Pour** monter, & deſcendre les Interualles appellés *Sixiémes*.

**Comme** l'on ne voit point d'Interualles
dans la beauté du Chant qui comprennēt la
Sixiéme maieure comme vt, la, ie ne vous en
parleray pas mais ſeulemēt de la mineure.

**Il** y en a qui n'admettēt pas les Roulades en
montant à cette Sixiéme, & ſe contentēt des
Auant-ſons : ie ſuis de leur ſentimēt quand on
commence vn Chant, mais dans la ſuitte i'e-
ſtime qu'elle peut eſtre receüe, c'eſt pourquoy i'en mettray icy quelques Exemples.

re fa, re fa, re fa, re fa.

fa re, fa re, fa re, fa re,

fa      re,      ſol mi, ſol mi, ſol

mi, ſol    mi, ſol    mi, ſol    mi,

ſol    mi, ſoſ    mi, ſol   mi.

vt la      la vt, la     vt,

la    vt, la      vt, la     vt,

la    vt, la    vt.

L'on ne roule pas ordinaire-
mēt ſur les Octaues en mon-
tant, cepādāt i'en dōne vn Exēp.    vt      ſol

Pour deſcendre les Octaues.

ſol    vt, ſol vt, ſol    vt,

sol      vt, sol     vt, sol     vt,

sol      vt sol     vt, sol     vt,

fa     fa, fa     fa, fa     fa,

fa     fa, fa     fa     fa     fa

la     mi, la     mi, la     mi,

la     mi, la     mi, la     mi

la     re, la     re, la     re.

Il eſt du bel vſage de deſcendre d'vn ton plus
bas apres ces Roulades: mais il faut qu'apres l'Oc
taue l'on remonte à la Quarte, autrement cette
methode n'eſt pas receüe. Exemple.

sol      vt     fa.

Quand on commence vn Chant i'ef-
time qu'on doit feferuir simple -
ment de l'Auant-fon. Exemple.     fol    vt.

Mélange des Interualles éloignés.
Exemple du simple.

    Dans le double de ces Interualles ie ne m'af
trains pas à la mefure, affin que i'aye plus de
moyen de vous y faire voir la beauté des portements de voix: Pour les bien entonner, &
auec agreément, il ne faut pas attendre que l'on
soit preffé pour reprandre haleine: & pour la
reprandre bien a propos on le peut faire fur vn

point, deuant le Reſte du ſon quand il tient deux.
notes comme qui feroit vn demi-ſoûpir, &
deuant la Roulade apres la note principale.
Voyez l'Exemple ſuiuant, ou ie mets des de-
mi-ſoûpirs en quelques endroits pour reprandre halenne.

### Exemple du double.

Vt mi vt   fa   vt ſol,   re fa   re.

ſol   re   la, mi   ſol mi   la, la fa

la   mi la   re, ſol  . mi   ſol   re

ſol   vt, fa   re fa   vt, mi vt   fa;

vt   ſol   mi   la   vt   mi   mi,

la fa   re, la   fa   ſol   re

fa       vt, ſol    vt    fa    fa ſol re ſol.

Lors que le Chant eſt compoſé de noires, &
de crochets, l'on ſe ſert ſeulement de l'Auant-
ſon, & du Reſte du ſon. Exēp. du ſimple.

fa ſol la

fa  ſol fa mi re mi vt fa  re ſol mi fa ſol la

ſol fa.        fa ſol la   fa ſol.

la  fa  mi  fa ſol ſol fa fa.

On peut ſe ſeruir de la Roulade qui cōprend toute la no-
te du la au fa. Exemple.       la fa  mi.

Le Reſte du ſon eſt parfois mis en place de l'A-
uant-ſon. & cette methode
eſt fort douce, voyez-en
l'Exemple.

au lieu qu'on peut dire.

la fa mi fa re mi vt.

la fa mi fa re mi vt.

Quand dans le simple il y a vne suitte de cro-chets, il est bien d'en doubler quelques-vns.

Exemple.

sol la fa sol mi.

re mi fa sol la.

la fa re mi fa.

la sol la fa sol.

sol la sol fa.

## Des Cadences.

LA Cadence estant la plus belle partie du Chant, & faisant toute sa beauté, est appellée la perfection, & l'acheuement de l'harmonie: elle est dans la Musique ce que les belles pensées sont dans la Poesie; mais comme il ne s'agit point icy de la Compositiõ de Musique, ie ne vous distingueray point les

Cadences que par les Exemples que ie vais vous
en donner pour les portements devoix seulement:
parce que pour vous parler des Regulieres, des
Irregulieres, de celles qui sont faittes sur la cor
de Mezane, & des autres que la corde Moyen-
ne forme, il faudroit traitter des Modes, &
dans le denombrement des douze, recher -
cher toutes les Cadences qui se rencontrēt
singulierement en chaque Mode, qui n'est selon
mon sentiment q'vne repetition de Cadences,
puis qu'il est certain que dans tout le Chāt par-
lant generalement, il n'y en a que de deux sor-
tes, toutes les autres n'estant differentes que par
accident, l'vne que ie nomme Cadence de b. mol,
ou de Tierce mineure; l'autre Cadence de ♮ quarré, ou de Tierce maieure: Celle de b. mol est formée
sur tous les degrez de la Gamme ou l'on dit Ré,
& celle de ♮ quarré prend sa naissance sur les
degrez ou l'on dit Vt.                    Exemples.

Cadences
de
b. mol.

Cadences
de
♮. quarré.

L'on peut diversifier ces Cadences dans le double
d'vne infinité de façons. voyons en quelques
Exemples.

Cadences de b. mol, ou de Tierce mineure.

ſol        fa ſol, ſol   fa    ſol, ſol

fa     ſol, ſol   fa    ſol, ſol   fa ſol,   ſol

fa     ſol, ſol    fa    ſol, ſol     fa   ſol,

ſol fa       ſol, ſol fa      ſol,   ſol

fa    ſol, ſol   fa      ſol.

ſol  fa ſol, ſol     fa ſol, ſol   fa ſol.

re ſol    fa    ſol,   fa     ſol.

40

fa mi re, fa mi re, fa

mi re, fa mi re.

fa mi re re, fa mi re re, fa

mi re, fol fa mi re.

Cadences de ♮ quarré, ou de Tierce maieure.

fa mi fa, fami fa, fa mi fa, fa

mi fa, fa mi fa, fa mi fa, fa

mi fa, fa mi fa, fa mi fa,

fa mi fa. fa mi fa,

fa  mi fa, fa          mi fa, fa     mi  fa.

fa    mi  fa fa,          fa  fol  fa,  fa

fol  fa,  fa          fol  fa,  fa          fol  fa.

fol  fa  fa,   fa          fol  fa  fa.

Autres Cadences de ♮ quarre.

la      fol  fa,  la          fol  fa   la

fol  fa,  la          fol  fa,  la      fol  fa, la          fol fa,

la          fol  fa,  la          fol  fa,  la

fol  fa,  la          fol  fa,  la          fol      fa,

ſol mi fa.　　ſol　la ſol ſa.

fa　la ſol ſa　　ſol　mi re vt

Vous pourez faire des Cadences de cent autres
façons ſur celles cy diminuant ou adioûtant
quelques netes ſelon la briefueté, ou ſelon la
longueur de la Cadence, n'eſtant pas bien neceſ-
ſaire d'y obſeruer abſolument la meſure.

### Des Cadences rompues

COmme les Cadences rompues ne ſont que
de deux notes qui comprennent l'Interualle ſimple ſeulement, ie vous renuoye aux
Exemples de ces Interualles que i'ay donné cy
deſſus. Vous pouuez prendre encore quelques
choſes ſur la premiere note des Exemples que
ie viens de vous donner des Cadences.
Quoy que par cette recherche vous puiſſiez
vous ſatisfaire, ie ne laiſſeray de vous en dô-
ner icy quelques Exemples, mais ſuccinte-
ment pour ne pas repeter ce que i'ay deſia

sol    fa, sol         fa,   sol fa,

sol         fa,   sol         fa, sol          fa,

sol         fa, sol fa, sol    fa, sol  fa,

sol      fa,          fa      sol fa,

fa       sol fa,  re   sol fa.

reʃol      fa,   re ʃol      fa.

la       ʃol fa.        la ʃol  fa,

la    ʃol  fa.        la  fa,  la    fa,

la    fa, la    fa.    la  mi

fa.    ſol  la  fa, ſol  la

fa, ſol  la  fa.    mi  la  fa,

mi  la    fa.    la  mi  vt.

la    re    vt.

Exemples de quelques autres paſſages.

mi  fa mi, mi    fa  mi.

la    fa la.    ſol re  mi fa mi.

ſol  fa    re.    ſol  fa mi.

sol   fa mi.        sol fa mi.

sol      fa        re.        sol      la

fa      la.        mi fa  sol.        vt

fa   mi.        re  sol        la,  re

sol     la.        la  fa        sol        la la,

ou
bien

sol        la  la.

Tous les Exemples des Cadences que i'ay rapporté peuuent eftre meflés en forte que tirãt
vn paffage de l'vn, & l'adioutantà l'autre, on
les diuerfifiera de tout autant de façons que
l'on voudra, felon la longueur ou la briefueté de la Cadence, & des paroles.

Outre les Cadences dont ie viens de parler,
il y en a encore qui appartiennent à la Baſſe, &
au Concordant: mais comme elle ſont compo-
ſées d'Interualles eſloignés ie vous renuoye
aux Exemples que i'en ay rapporté, vous en
donnant icy ſeulement ſept ou huit affin que
vous remarquiez la maniere de les appliquer.

ſol          la          re.  ſol

re      ſol.      re    la   re.

ſol re    fa      la.        fa ſol la

re          la          mi    la.

fa        vt    fa.        ſol  vt  fa.

Toutes les Roulades ou paſſages d'vne note à l'autre ne ſont pas tous également beaux
ny également en vſage, & en effet cela ne

se peut pas: aussy est il de l'industrie, & du
dicernement du Chantre d'employer tantost les vns tantost les autres selon la mesure.

POur vous donner vne entiere connois-
sance des portements de voix dontie vous
ay parlé ie vais vous produire quelques Airs
de modes differents ou vous pourez remarquer dans leur suitte les agreéments du bel v-
sage de chanter: ie ne m'assuiettiray pas à l'étroi-
te obseruance de la mesure dans les doubles, ie la
garderay seulement dans les simples; ce sera as-
sez de vous arrester sur chaque note a propor-
tion de sa valeur, mais comme presque toutes
les notes sont liées dans le double les vnes a-
uec les autres, il faut prendre haleine sur les
points comme qui feroit vn demi-soûpir, & au
commencement des mots; on la peut encore
prandre sur vne syllabe au milieu d'vn mot,
pourueu qu'apres l'on y fasse vn Reste de son,
ou de Roulade comme vous pourez le voir cy a-
pres. Ie commence par vn Air sans paroles, ou
ie vous marque dans le double les notes principales seulement, qui tiennent lieu de la
parole

## Exemple du simple.

## Double.

Re mi fa     mi fa fol la     fa fol la    re

fa mi fa re    fol    fa mi la      fol la

la ,     la fa    re fol mi vt re mi fa fol la la    fol fa,

la    mi fol re fa     mi fa mi re re,

re re mi fa re fol la la fa    re mi fa re la mi

fa mi la      ſol, mi fa re mi vt fa   mi re re.

C'en eſt fait a ce coup Iris nous va quitter,     Nous

C'en eſt fait a ce coup Iris nous va quitter, Nous nepouuõs

ne pouuons plus l'arreſter, & noſtre pert'eſt ſans égale

plus l'arreſter, Et noſtre pert'eſt ſans egale:

Beautés, graces, appas, delices de ce lieu,   Quand il

Beau‑tés, graces, appas, delices de ce lieu, Quand il

A- dorables rigueurs, & vous charmants mespris,

Que ne vous dois ie pas fortant des yeux d'Iris De faire

voir aux miens q'elle eft vne infidelle, Ie vous aim'apre-

fent plus qu'elle: Vous m'auez retiré de mon

A dorables rigueurs, & vous charmāts mef- pris,

Que ne vous dois-ie pas fortant des yeux d'Iris De faire

voir aux miens qu'elle eft vne Infidelle, Ie vous aime a

prefent plus qu'elle: Vous m'auez retiré ❧ de

aueuglement de mon aueu glement Ie ne suis plus a-

mant Ie ne suis plus amant.

mon aueuglemēt de mon –aueuglement Ie ne suis

plus a         ie ne suis plus a.

A. dora- bles rigueurs, & vous charmants mes-

pris Que ne vous dois-ie pas sortant des yeux d'Iris

de faire voir aux miens q'elle est v- ne Infi-

delle Ie vous ai- m'à present plus qu'elle.

Vous m'auez reciré de mon a- ueu gle-

ment de mon a- ueu. glement

ie ne fuis plus amāt ie ne fuis plus amant.

Quand ie partis d'aupres de vous le vous promis

quelques airs des plus doux, Mais helas ie crains biē qu'il

Quand ie partis d'aupres de vous le vous promis quel-

ques airs des plus doux Mais helas ie crains biē qu'il fail-

faille m'en dedire. Lors que l'on est absent de vos ap-

pas N'attendez rien de gay que l'on puisse produire:

On soûpir'on gemit on s. ∗ mais l'on ne chante pas.

le s'en dedire. Lors que l'on est absent de vos appas

N'attendez rien de gay que l'on puisse produire;

On soûpir'on gemit on s. ∗ mais l'on ne châte pas.

Lors que pour des beaux yeux absens, Vn triste cœur

par des sons lan- guissans, & par des cris côfus

expri-me ſon marty - re. Dedans

ce mal pire que le trépas n'appellez pas

vn chant ce que l'ō peut produi- re, on ſoûpi-

r'on gemit on ſoûpir'on g. ✷ & l'on ne châte pas

Vous me demandez Amarante Des chanſons des

chanſons que vous apprendrez, Tout mainte -

Vous me demandez Amarante Des châſons d. ✷

que vous apprendrez Tout maintenāt tout mainte-

nant tout maintenãt vous en aurez, Eſcoutez eſcou-

tez celle que ie chante : te, Ell'eſt faitte d'vne fa-

çon Q'vn couplet fait vne chanſon Q'un couplet

ſait vne chanſon.

nant vous en aurez Eſcoutez eſcoutez celle

que ie chante : te, Elle eſt faite d'vne façon

Q'vn couplet fait vne chanſon q'vn couplet

fait vne chanſon.

A ue ve-rum corpus na-

tum de María Marí a Vírgine de María

Vírgine. Cuius la- tus per-

fora tum vn da flu-

Baſſe.

A- ue verum cor pus natum deMa-

ría de Maria Vírgine de Maria de Marí-

a Vírgine. Cuius la- tus perforatũ,

vnda flu-

xit, vn- da flu- xit cum fanguine cum

fanguine. O ô dul- cis,

ô dul- cis. O ô IESV ·ô·

ô IESV Fili Ma- ri- æ,

ô IESV Fi·li Ma- ri æ.

Baſſe.

xit vnda flu- xit cũ fanguine cumſ. ❀

O dulcis ô dulcis. O IESV ô IBSV Fi-

li Mari- æ ô IB·SV Fili Ma- riæ.

su Chriſti redempta ſangui - ne, quid quæ-

ſti redempta æ. ſangui ne, quid quæ -

ris, quid deſíderas, quid a- mas, quid díli-

ris, quid deſíderas, quid a- mas, quid díligis,

gis ſi mundū díligis, terram quæris, vana deſíde-

ſi mundū díligis, terram quæ ris, vana deſídera-

ras amas cadu-ca, dili-gis diligis trāsitoria:

mas amas cadu-ca diligis dili-gis trāsi- tori- a:Vani-

vanitas vanitatū,&omnia, & omnia vanitas.

tas vanitatū,&omnia vanitas &omnia vanitas.

Vide ergo, &ne decipiaris,attende, at- ten-

Vide ergo,& ne decipia- ris,attende atten-

de, mundus quem dili gis transit, terrã ꞏ꞉ꞏ quam

de, mundus quem dili gis transit, terram ꞉꞉꞉

quæ- ris quam quæ. ris præte- rit, om -

quã quæ. ris quam quæ. ris præterit, omnia pu·

nia putrescũt, omnia euanescũt, omnia inficiũt, õnia

trescunt, omnia euanescunt, omnia infici-unt, õnia

deficiunt. Ama ergo Chriſtū, dilige Ieſū, ſequere Chri-

deficiunt. Ama ergo Chriſtū, dilige Ieſū, ſequere Chri-

ſtum,     nam ſi terrā quæris terra es, ſi vana quæris

ſtum, nā ſi terrā quæ-     ris terra es, ſi vana quæris ꞏꞏ va-

va- nus es. Vanitas vanitatū, & omnia     vanitas.

nus es. Vanitas vanitatū & omnia     vanitas.

76

Suspira ꜰ er-go cœlestia, contem- ne ter-

Suspira ꜰ ergo cœlestia, ꜰ contem neter-

restria, vera appete bona, despice caduca, æter-

restria, vera appete bona despice caduca, æter-

na aspira, mundana deplora.

ma aspira, mundana deplora.